Retorno al
Titanic

EDICIÓN PATHFINDER

Por Susan E. Goodman

CONTENIDO

Retorno

Piezas del pasado.
*Óxido que cuelga de la proa
del Titanic, la parte frontal y
puntiaguda del barco.*
PÁGINA OPUESTA: *En 1912 se
encontró este reloj en el
cadáver de un pasajero.*

al Titanic

Se suponía que el Titanic era el mejor y el más grande barco de su época. Luego se hundió en 1912. Y sin embargo, todavía es el barco más famoso de la Tierra.

Por Susan E. Goodman

Navegando hacia la historia. *Pasajeros de pie a lo largo de la popa o parte trasera del Titanic.*

El barco maravilloso

El 10 de abril de 1912, cientos de personas se reunieron en un muelle de Inglaterra. Fueron a ver la partida del Titanic en su viaje **inaugural**. ¿Por qué este barco era tan especial?

En primer lugar, el Titanic era el barco más grande del mundo. Era tan largo como cuatro manzanas de una ciudad. Muchas personas lo llamaban "el barco maravilloso". Otros decían que el Titanic era el mejor barco jamás construido. ¡Algunos incluso creían que era demasiado fuerte para hundirse!

Eso no es todo. El Titanic también era un palacio flotante. Fue uno de los primeros barcos con piscina. Estaba fabricado con fina madera y tenía arañas de oro.

Como resultado, algunas de las personas más ricas del mundo estaban a bordo del barco. Viajaron en las **cubiertas** superiores. Los pasajeros más pobres y la tripulación vivían en las cubiertas inferiores.

Los primeros días del viaje del Titanic hacia Nueva York fueron muy festivos. Los pasajeros celebraban con grandes galas. Pensaban que estaban haciendo historia. Tenían razón.

¡Peligro adelante!

Todo empezó sin contratiempos. El 14 de abril, el Titanic estaba en medio del océano Atlántico. El clima estaba tranquilo. Esa noche, las estrellas brillaban en el cielo frío y oscuro.

Poco después de la medianoche, un marinero vigía logró ver algo en la oscuridad. En realidad no podía verlo bien. Pero sabía que solo podía ser una cosa: un **iceberg**. Un iceberg es una montaña flotante de hielo que se ha desprendido de un glaciar. Golpear un iceberg puede dañar un barco.

El marinero rápidamente hizo sonar la alarma: "¡Iceberg adelante!". La tripulación entró en acción. Trataron de hacer virar el Titanic para alejarlo del iceberg. Pero ya era demasiado tarde. El barco se raspó contra la montaña de hielo.

Al comienzo, el problema no parecía tan grave. Pero el iceberg había causado mucho daño. El agua empezó a ingresar al barco. Nada podía pararla. Pronto, el agua inundó las cubiertas más bajas. Seguía subiendo. La tripulación sabía que el barco imposible de hundir se estaba hundiendo.

La noche de la pesadilla

Lentamente, la proa del barco maravilloso se hundió en el agua. Su popa, o parte trasera, se elevó alto en el aire. El barco entero se hundió en solo unas cuantas horas. La tripulación lanzó fuegos artificiales al aire para avisar a otros barcos que el Titanic necesitaba ayuda.

Los marineros de un barco que pasaba por allí los vieron. Sin embargo, pensaron que los fuegos artificiales eran parte de una celebración. Así que no ayudaron al barco que se estaba hundiendo.

Mientras tanto, la tripulación del Titanic empezó a tratar de salvar a los pasajeros. Algunas personas corrieron rápidamente desde sus camarotes. Muchas todavía estaban en pijama. En la cubierta principal, una banda tocaba música para calmar a la gente. Otras personas se negaban a creer que había un peligro real.

La tripulación del barco puso a la gente en botes salvavidas. Principalmente, las mujeres y los niños entraron primero. Pero el Titanic no tenía suficientes botes salvavidas para todos sus pasajeros. Y en el apuro, algunos botes salvavidas partieron con asientos vacíos. Después de que partió el último bote, todavía quedaban 1500 personas a bordo del barco que se hundía.

Poco después de las 2:00 a. m., los pasajeros oyeron un ruido terrible. El Titanic se estaba rompiendo en dos. La gente saltó del barco destrozado a las aguas congeladas. El barco desapareció en el mar a las 2:20 a.m.

El Titanic se hundió más de dos millas hasta el fondo del océano. Dos tercios de sus 2200 pasajeros y tripulación se hundieron con el barco.

El barco que no podía hundirse descansó durante más de 73 años en el océano Atlántico. Luego National Geographic ayudó a un explorador a buscarlo.

Noticias de último momento. *Un niño vende periódicos en Londres. El naufragio del barco conmocionó a la gente de todo el mundo.*

Final infeliz. *El Titanic se parte en dos justo unos minutos antes de hundirse hasta el lecho del mar.*

Desde las profundidades. *Bob Ballard y un miembro de la tripulación toman asiento en la sala de control de su barco. Están viendo imágenes de un ancla del Titanic.*

El sueño de un niño

Cuando era niño, al científico Robert Ballard le interesaban los naufragios. Especialmente le encantaba leer sobre el Titanic. "Mi sueño de toda la vida", dice, "era encontrar este gran barco".

Ballard se convirtió en un explorador del océano cuando creció. Visitó montañas bajo el agua en medio del Atlántico. Encontró gusanos gigantes que viven en el océano. Y nunca olvidó su sueño de la infancia: encontrar el Titanic.

La tarea parecía ser imposible. Algunas personas decían que el Titanic se había aplastado. Otros pensaban que se había roto en pequeños pedazos. Todos estaban de acuerdo en que el barco estaba demasiado profundo para llegar hasta él.

Pero Ballard estaba decidido. En 1985, él y un científico francés llevaron barcos al lugar donde se había hundido el Titanic. Usaron herramientas de alta tecnología para explorar el lecho del mar. Durante semanas, no encontraron nada.

Luego mandaron una nave submarina llamada Argo. Sus cámaras tomaron videos del lecho del mar y las enviaron a los barcos.

¡Lo encontramos!

Argo buscó varios días. Todavía, nada. Ballard estaba seguro de que habían fracasado. Poco después de la medianoche del 1º de setiembre, decidió que tenía que dormir un poco. En realidad necesitaba hacerlo.

Apenas una hora más tarde, alguien lo despertó. Se veían objetos de metal en la pantalla de video. Estas cosas solo podían venir de un barco. Pronto, el equipo vio una enorme hélice de barco. ¡Habían encontrado el Titanic!

En los días siguientes, Argo recorrió el naufragio. Ballard casi no podía creer lo que veía. La proa, o parte delantera del Titanic, estaba atascada en el lodo. No obstante, el barco todavía se veía enorme.

Ballard también encontró tristes recuerdos de los pasajeros del Titanic. Vio camas, maletines, tazas e incontables zapatos. Era como visitar un museo hundido.

Ballard quería ver más. Pero ya no le quedaba tiempo. Tenía que regresar a casa. Antes de partir, sin embargo, prometió que regresaría.

Una mirada de cerca

Ballard cumplió su promesa. En 1986, bajó al Titanic en un pequeño **sumergible**. Y envió un robot de aguas profundas llamado J.J. al barco.

A medida que exploraba, el robot enviaba fotografías a Ballard. Le puso el nombre de "ojo nadador".

J.J. descendió deslizándose por la majestuosa escalera del Titanic. Echó un vistazo al gimnasio. El robot también vio sillas, vasijas y otros objetos en el fondo del mar.

Antes de partir, Ballard quería honrar al trágico barco. Dejó una placa para rememorar a las personas que habían muerto. Aparte de eso, dejó todo exactamente como lo había encontrado.

Ballard no volvió a ver el Titanic otra vez por años. Regresó en junio de 2004. Quería saber cómo estaba el gran barco.

Encontró que otros visitantes realmente lo habían dañado. Los submarinos habían hecho orificios en la cubierta principal del Titanic. Y la gente se había llevado unos 6000 objetos del naufragio. Estos incluían platos, lámparas, una estatua, una caja fuerte e incluso partes del barco mismo.

Historia salvadora

A Ballard le molesta que la gente haya tomado cosas del Titanic. Piensa que la gente debería dejar el barco tranquilo. Dice que llevarse sus cosas es como profanar una tumba.

Pero Ballard sí desea poner cámaras alrededor del naufragio. De esa manera, la gente podrá ver el Titanic. Y podrán recordar su corta y triste gloria.

 ¿Traerías objetos del Titanic a la superficie? ¿Por qué sí o por qué no?

Vocabulario

cubierta: nivel de un barco
iceberg: montaña flotante de hielo
inaugural: primero
sumergible: nave submarina

El Titanic hoy. *El barco se hundió hace más de 100 años. Sin embargo, algunas de sus ventanas todavía están intactas.*
© RMS Titanic, Inc.

Hablando con Bob Ba

llard

Descubrimientos profundos.

ARRIBA: Bob Ballard es un explorador del océano. IZQUIERDA: Sumergibles como el ALVIN ayudan a Ballard a explorar el océano profundo.

"Soy algo más que un simple fanático del Titanic", dice Bob Ballard. Tiene razón. Ballard ha explorado muchas partes del océano. Ha encontrado vida en lugares inesperados. Ha estudiado historia observando los naufragios. En esta entrevista, Ballard nos informa sobre su trabajo.

¿Cómo se interesó en la exploración del océano?

Cuando era niño, quedé encantado con el libro *Veinte mil leguas de viaje submarino*, de Julio Verne. Quería ser como el Capitán Nemo y comandar su submarino. Pensaba constantemente en la exploración del océano. ¡Quería ver lo que había allá abajo!

¿Cómo se convirtió en un explorador del océano?

Tuve suerte. Crecí en una familia inteligente. Mis padres estaban comprometidos con la educación. Vivimos cerca de la Institución Scripps de Oceanografía en San Diego, California. Gané una beca para estudiar allí. Luego me convertí en oficial de la marina y oceanógrafo, una persona que estudia el océano.

Ha habido muchos naufragios. ¿Qué tiene de especial el Titanic?

La historia del Titanic llena a la gente de diveras emociones. En su época, el Titanic era el objeto móvil más grande sobre la Tierra. Tardó dos horas en hundirse. Así que es una historia muy dramática.

Era un barco lleno de pasajeros famosos buscando salvarse. El capitán les indicaba a sus oficiales que "se comportaran como británicos". La banda tocaba música en la cubierta que se hundía. Había gente que trataba de persuadir o pagar por subir a los botes salvavidas.

Estas historias fascinan a la gente. También sienten curiosidad por la manera en la que exploramos el Titanic. A la gente le gusta la idea de usar robots para aprender sobre el naufragio.

¿Por qué es una mala idea tomar objetos del naufragio?

Por el mismo motivo que no tomarías una pala e irías a Gettysburg [un campo de batalla de la Guerra Civil] para empezar a excavar y sacar cosas. El lugar es tan poderoso como los objetos. Ver los objetos en su lugar te da todo tipo de información: sobre cómo se hundió el barco, por ejemplo. Esa información se pierde cuando te llevas cosas y las pones en vitrinas de vidrio.

¿Cómo fue encontrar el Titanic? ¿Cómo se sintió?

Sentí emociones encontradas. Mi mamá lo explicó bien. Cuando le dije que había encontrado el Titanic, ella dijo, "Qué lástima. Tú eres un excelente científico. Ahora, solo van a recordarte por encontrar un barco viejo". En cierta manera, tenía razón.

Sin embargo, el Titanic no fue mi descubrimiento más importante. Encontrar vida en las chimeneas hidrotermales fue mucho más importante. Por otro lado, mi fama por descubrir el barco me da la oportunidad de hablar sobre otras cosas, como la educación y la exploración.

¿Qué está explorando ahora?

Me estoy centrando en la arqueología submarina. Tengo siete estudiantes de posgrado trabajando conmigo. Básicamente estaremos acampando en el Mar Negro y el Mar Egeo. Están llenos de naufragios que estudiar.

¿Cuál es la mejor parte de su trabajo?

He podido mantener a mi familia y criar a mis hijos. He podido hacer realidad algunos de mis sueños de niño, y tengo la oportunidad de hacer cosas que otros solo soñarían. Me encanta trabajar con los niños, tratando de interesarlos en la ciencia y la exploración.

¿Qué les diría a los niños que desean ser exploradores del océano?

Edúquense mucho. Tomen clases en todo lo que puedan. Experimenten. No tengan miedo de equivocarse; las equivocaciones son excelentes maestras. Caerás, pero luego te levantarás. ¡Persigue tu sueño!

Explorando las profundidades

A lo largo de su carrera, Ballard ha hecho muchos descubrimientos importantes dentro del océano. Ha encontrado vida donde nadie pensaba que podía existir: alrededor de fracturas calientes en el lecho del mar, llamadas chimeneas hidrotermales (arriba). Hoy en día, Ballard explora naufragios antiguos (arriba y derecha). Los sumergibles robóticos le ayudan a aprender sobre culturas pasadas.

Historia antigua. *Artefactos de naufragios, como la vasija de arriba, nos cuentan sobre culturas antiguas. IZQUIERDA: Esta pila de frascos forma parte de un naufragio que Ballard encontró en el Mar Negro.*

Nueva tecnología. *Este robot submarino, Jason, tiene un brazo movible. El brazo le permite a Ballard levantar y estudiar los objetos de naufragios antiguos.*

Explorando el Titanic

Es momento de sumergirse y ver lo que has aprendido.

1 ¿Por qué el Titanic fue llamado "el barco maravilla"?

2 ¿Qué ocurrió en el primer viaje del Titanic en el océano?

3 ¿Cómo ayudaron los sumergibles a explorar el Titanic?

4 ¿Por qué piensa Bob Ballard que está mal tomar cosas de un naufragio?

5 ¿Qué te enseñó Bob Ballard acerca de convertirse en explorador del océano?